Ráfagas de Amor

en Mi Corazón

Publicado por la editorial Lulu.com.

Poemas De Amor : Ráfagas de Amor en Mi Corazón.

©2011 por Miriam P. Garcia.

ISBN 978-1-105-32188-7

Introducción

Este libro está dedicado a todos los apasionados del amor. Amor que se percibe en cada detalle del espacio que nos envuelve y quedamos extasiados al contemplarlos cada amanecer, ya sea una flor con su diseño, perfume y color; el inmenso mar y su magnificencia , el sol y su resplandor, la luna que nos ilumina cada anochecer, el ser humano su inteligencia e ingeniosidad y Dios como el supremo creador de todas estas cosas y el cual me dio la inspiración para escribir estos poemas viendo en cada detalle una trilogía entre ser humano-amor-entorno.

Miriam P. García

INDICE

ELLA

"Tres Propiedades L. S. y G." 1
"Eso Dicen por ahí" 2
"Quiero Fluir Contigo" 3
"El Verdadero Amor" 5
"La Tímida" 7
"Olas de Amor" 9
"Sé que Fue un Sueño" 11
"La Novia del Faraón" 13
"Me Confesó el Destino" 14
"Se nos fue el Tiempo de Amar" 15
"¡Como Voy a Reír!" 16
"Modesta y Aparte" 17
"¡Cómo el Agua del Río!" 18
"Se me Parte el Alma" 19
"Felina" 20
"Ese Viejo Refrán" 21
"Una Aguja en un Pajar" 22
"Tu Muñeca de Trapo" 23
"Poema a una Madre" 24
"Tres Delfines" 25
"Amor del Pasado" 26
"Homenaje a la Mujer" 27
"Cartas Viejas" 28
"Vulnerable" 29

EL

"Morenita Linda" 30
"Embajador del Amor" 32
"Cien Mil ó Un Millón" 34
"Palomita Virgen" 35
"Bella Julieta" 37
"Románticos" 38
"Navidad Perfecta" 39
"Rayito de Sol" 41
"Bendita Descripción" 42

"Si el Corazón Hablara"..................................44
"¿Por qué Será?..................................45
"Elisa"..................................46
"Despechado"..................................47
"Estrellita Blanca"..................................48
"Se Robó mi Corazón"..................................49
"Lluvia, Viento y Marejada"..................................50
"Marciano"..................................51
"Aguas Mansas"..................................52
"Arco Iris de Amor"..................................53
"Nudo en la Garganta"..................................54
"Contra la Corriente..................................55
"Carrusel"..................................56
"Reflexión"..................................57
"Training de Amor"..................................58
"El Bufón Perfecto"..................................59
"Por si se Puede"..................................60
"Convergencia"..................................61
"Sueño del Mar"..................................62
"Años Mozos"..................................63
"Náufrago"..................................64
"Despedida de un Soldado"..................................65
"China Linda"..................................66
"Amor a la Moderna"..................................67
"Bendita Llave"..................................68
"Divina Atracción"..................................70
"Cascada Azul"..................................71
"Cuadro Viejo"..................................72
"Seducción"..................................73
"Mujer Virtuosa"..................................74
"Me Enamoré de Nadie..................................76
"Profeta"..................................77
"Juventud, Divino Tesoro"..................................78
"Vana Ilusión"..................................79
"Corazón Libre"..................................80
"Nuestro Amor"..................................81
"Mi Ultimo Tren"..................................82
"Confesión y Perdón"..................................83
"Triste y Abandonado"..................................84
"Hoy Quiero Confesarte..................................85
"No te Apures mi Compay"..................................86

"Rencor"..87
"Promesa"..89
"Preso Triste y Solitario"...90
"Cárcel del Amor"..91
"Ladrón de Amor"..92
"Príncipe ó Mendigo"...93
"Preso en el Tiempo"...94
"Alameda"... 95

ENTORNO

"Miami"..96
"Nostalgia de mi Vieja Casa"....................................97
"Potra Mansa y Alazana"..98
"Peluche"..99
"La Protesta del Burro"...100
"El Camello"...101
"Un Llamado"..102
"Uno mi Mulo"...103
"Los Borrachos"...105
"Tres Carabelas"..106
"Típica Guajira"... 107

" Tres Propiedades L. S y G."

Yo tengo tres propiedades, como el agua que te tomas
Líquida, sólida y gaseosa, me deslizo por igual
Lo de brava ó de mansa, yo lo acepto como broma
Ni tan brava ni tan mansa, pero me dejo tomar.

Soy líquida, clara y limpia, transparente en el amor
Soy elemento de vida, hago falta como el sol
Yo me adapto a la forma del que me dé su pasión
Las vueltas del recipiente, esas las adopto yo.

Sólida y firme yo soy, fría y dura como el hielo
Le soy fiel al que me ama, le entrego mi corazón
El hombre que a mí me quiera y que me sea sincero
Yo le doy mi vida entera y me muero por su amor.

Gaseosa como el vapor, también puede suceder
Me evaporo fácilmente si hay una desilusión
Si tú no me corresponde, hasta me puedes perder
Amor con amor yo pago, esa es mi condición.

Por incompatible un día, alguien me abandonó
Pues no pude ser soluble y no hubo aleación
Luego me dejó correr, fue lo que aconteció
Como el cauce para el agua, me hizo falta su amor.

Líquida, sólida y gaseosa, pero tengo un corazón
Soy elemento de vida, hago falta como el sol
Le soy fiel al que me ama y me muero por su amor
Pero puedo evaporarme, si hay una desilusión.

"Eso Dicen por ahí"

Yo se que para una mujer es difícil en la vida
Conquistar un corazón, aunque no sea la costumbre,
Es más fácil para mí, decir no, que decir si.

Yo se que amor como el mío no se encuentra donde quiera,
No hay un amor como el mío, que sufre, calla y espera.

Que dolor dentro de mi corazón, que el amor engendra amor
Eso dicen por ahí, pero tú a mi no me quieres,
Como yo te quiero a ti.

El amor es un misterio difícil de definir,
Mientras más tú te enamoras, menos te quieren a ti,
Hasta hago malabares y no se fijan en mí.

Y cuando de ti me hablan, me emociono tanto amor,
Que aunque yo esté en blanco y negro,
Lo veo todo a color.

Que dolor dentro de mi corazón, que el amor engendra amor,
Eso dicen por ahí, pero tú a mí no me quieres,
Como yo te quiero a ti.

Cuando paso por tu casa y nuestros cuerpos se cruzan,
Tu corazón se acelera y finges que ni te preocupas.
Caminar en cuerda floja para mí es mucho mejor
Y mantener el equilibrio, que declararte mi amor.

Que dolor dentro de mi corazón, que el amor engendra amor
Eso dicen por ahí, pero tú a mí no me quieres, Como yo te quiero a ti
.
¡Qué el amor engendra amor! Eso dicen por ahí.

"Quiero Fluir Contigo"

Yo quiero fluir contigo
Como agua de manantial
Nacer en la ribera
Entre lomas y palmeras.

Nuestras almas son burbujas
Son burbujas de ilusión
Formaremos nuestro río
Con gran caudal de pasión.

Correremos muy unidos,
Nos haremos un vasto mar.

Como todo río que crece
Arrastra palos y ramas
Pero podemos rodar
Tiene arena tiene piedras
Una que otra cascada
Nos podemos deslizar.

Escabúllete manantial de amor
Nuestras almas son burbujas
Son burbujas de ilusión
Formaremos nuestro río
Con gran caudal de pasión.

Correremos muy unidos
Nos haremos un vasto mar.

Las olas son los latidos
Que dan vida al ancho mar
Yo quiero fluir contigo
Y movernos a la par.

Mientras las olas se muevan
Nuestro amor perdurará

Nuestro amor es puro y sano
Y por siempre fluirá
Solo si el mar se detiene
Nuestro amor acabará.

Escabúllete manantial de amor
Con gran caudal de pasión,
Fluirá nuestro manantial de amor
Entre lomas y palmeras.

"El Verdadero Amor"

Tengo, un amor bonito
Tengo, un amor especial
Amor que nunca me traiciona
Que sigue mis pasos
Donde quiera que estoy
Hasta en el más
Pequeñito rincón.

Amor como este es un encanto
El nos ve desde muy alto,
Nos ama en la alegría
También en nuestro llanto.

Te ama tu cervatilla,
Tú eres el verdadero amor
Que me hace feliz
El corazón.

Nos hiciste a tu imagen
Todopoderoso creador.
Al hombre de fina arcilla
Le sacaste una costilla
Para hacerme luego a mí.

Nos pusiste en el jardín
En el jardín del Edén,
Nos dijiste de este árbol
Nunca vayan a comer.

Vino la astuta serpiente
Y me dijo has de probar
Si quieres tener conocimiento
De lo que es el bien y el mal.

Y yo comí, y le di a mi Adán
Conocimos el bien y el mal

*Y quedó establecido en este mundo
El pecado original.*

*Bendito Dios, bendito creador
Yo por fe siempre he creído en ti.
Sé que siempre estás a mi lado
Y que tire la primera piedra
El que nunca haya pecado,
Y verás que Dios te ama
Siempre serás perdonado.*

*Alelu-Yah, alelu-Yah, mi señor,
No nos expongas a la tentación
Líbranos de todo mal
Amén, amén y amén.*

"La Tímida"

Hace mucho tiempo atrás
Me enamoré de un pintor
Hacía muy bellos cuadros
Un verdadero creador.

Tan tímida era yo
Y no sabía que hacer
Se me ocurrió una idea
Para conquistarlo a él.

Le propuse me haga un cuadro
De tamaño original
Que tenga muchos colores
Y que luzca muy real.

Me dijo empezaremos,
¿Cómo quieres tú posar?

Quiero lucir en la playa
Sentadita en la arena
Y que sea al amanecer
Unos biquinis de flores
Mi pelo color de miel
Un sol suave que me dore
Pero no queme mi piel.

Posaré, posaré, para este gran pintor
El no sabe que lo quiero
Me derrito por su amor.
Quiero una brisa suave
En una mano un coral
Y en la otra un abanico
Que sea del fondo del mar.

Corazón, corazón, comiénzame a pintar
Que no suba la marea
Porque me voy a mojar,
Que la mar se vea risa
Que quede como relieve
Que se vea mucha espuma
Tan blanca como la nieve.

Que no suba la marea
Porque me voy a mojar
Quiero una sonrisa tierna,
Ojos muy apasionados,
Y mirando fijamente
Al que lo está pintando.

Y le dije, pon un beso
En mis rojos labios.
Me lo quiso dar a mí,
Y le dije, no !a la del cuadro!
! Ay, que hice mi amor!

"Olas de Amor"

Yo viajaba en una barca
Sin rumbo y sin dirección
Por un mar de indiferencia
Por las olas del amor
Era triste y solitaria
Tuve tiempo encallada
Y con gran desilusión.

Yo tenía tan mala suerte
Navegando por el mar
Que pasó un barco pirata
Y como en toda aventura
Me debía de abordar,
Yo ingenua como siempre
Dije para mis adentros
Ahí viene mi capitán.

Mi ilusión fue pasajera
Era un barco de velas
Con toda tripulación
Pero al mirar yo a la proa
No tenía quien lo guiara
Iba donde el viento lo llevara
Sin rumbo ni dirección.

Ya tanto me han despreciado
Que tomé el timón en mano
¿Y pensé, a quién mal le hice?
Corazón late, late corazón
Dime a donde me dirijo
Si me voy al horizonte
O choco en el arrecife.

Corazón late, late corazón
Sera que soy invisible
Será que nadie me ve
O son otras latitudes
Donde el mundo es al revés.

Navegaré, navegaré,
Por las olas del amor
Y mi vida en un desván
Contra el viento y la marea
Para que tenga mi barca
Su merecido capitán.

"Sé que Fue un Sueño"

*Aunque yo sé que fue un sueño
De los tantos que hago yo
Cargados de fantasía
Mi alma se me conmovió.*

*Yo viajaba en una nave
Por el cosmos andaba yo
Y un chico de color plateado
A mi lado se sentó.*

*Solo hablaba de galaxias
Y yo de playa y de sol
Teníamos algo en común
Buscábamos amor.*

*Me tomó en sus fuertes manos
Y un gran abrazo me dio
Yo sentía algo raro
Como una radiación.*

*Me besaba en los labios
Y una luz azul salió
Entre sus labios y los míos
Y a los dos nos cautivó.*

*Me hablaba tan diferente
Su voz parecía canción,
Me dijo, tu mundo es tierno
Donde hay cuatro estaciones
Que no tiene el mundo mío.*

*Primavera donde hay flores
Un verano donde hay sol
Otoño de mucha lluvia
He invierno de mucho frío.*

Flores, calor, agua y nieve
Veo a través de un cristal
Y mi mundo es diferente
No puedes imaginar.

No existe la gravedad
Ni aire para respirar
Y aunque no seas un ave
Tendrás mucho que volar.

Se bajó en una estrella
Desde allí decía adiós
Y cada año mi Marciano
Manda un cometa del cielo
Con una señal que dice
Cuanto te quiero mi amor.

"La Novia del Faraón"

Viento, sol y mar de arena, por todo el alrededor
Pirámide de oro y plata, la mansión de un faraón
Yo me vestía de cuero, con alhajas a montón
Yo era rica y distinguida, la novia de un faraón.

Yo era el centro de la fiesta, casi me robaba el show
Yo cantaba y bailaba, al ritmo de un gran tambor
Y yo era la preferida, la novia del faraón.

-Mueve, mueve, mueve que mueve, la novia del faraón
-Una momia se quitaba el vendaje de un tirón
-El tumbao del camello si le da de lleno el sol
-Una raya más al tigre, no lo hace más feroz
-Si se enoja el elefante, se puede acabar el show.

Había una jaula muy grande, un público en atención
Domador látigo en mano, y rugía el león
Viento, sol y mar de arena, por todo el alrededor
Pirámide de oro y plata, la mansión de un faraón.

-Baila, baila, baila que baila, la novia del faraón
-Una momia se quitaba el vendaje de un tirón
-El tumbao del camello, si le da de lleno el sol
-Una raya más al tigre, no lo hace más feroz
-Si se enoja el elefante, se puede acabar el show.

Baila, baila, baila que baila, la novia del faraón
Mueve, mueve, mueve que mueve, la novia del faraón.

"Me Confesó el Destino"

No culpes al destino de lo que ha pasado
Tú mismo decidiste ya no estar más conmigo
Andas por otro rumbo estás enamorado
Y ahora solo te miro, como a un amigo.

No quiero oír tu historia, vana y sin razón
No culpes al destino de lo que ayer pasó
Tú fuiste un trago amargo para mi corazón
Pues fuiste tú mismo el que se enamoró.

Me confesó el destino que anduvo contigo
Pero me fue muy franco, tú escogiste el camino
Cuando tú te caíste él se cayó contigo
Y todavía me dices, que fue el destino.

Sé que anduvieron juntos y que bebieron vino
Te quiso dar la mano, pues perdiste el control
Hasta te confundiste veías dos caminos
Pero a tu conveniencia, escogiste el mejor.

Cuando te veas solo vagando por la vida
Triste y cabizbajo y sin ilusión
Pues ya no habrá retorno, aunque sane mi herida
Pues dile al destino que te busque otro amor.

"Se nos fue el Tiempo de Amar"

Se nos fue el tiempo de amar, como el agua entre las manos
Se nos fue el tiempo de amar, cuando apenas comenzamos
Un amor que comenzó cálido como el verano
Cemento que no fraguó y se dio por terminado.

Fuimos lava de un volcán, que prendió en el pasado
No hubo fuego ni erupción, siempre estuvo apagado
Se nos fue el tiempo de amar, como un tempano de hielo
Que navega por el mar, y que se va derritiendo.

Como el ave que voló y volaba contra el viento
Batallando por llegar, pero fue un fallido intento
Tratamos de conquistar con amor todas las cosas
Se nos convirtió en espinas, lo que parecían rosas.

Pensábamos que el amor, era como un mar en calma
Olvidábamos el viento y las fuertes marejadas
Se enfrió nuestra ilusión, como una fuerte nevada
Se nos fue el tiempo de amar, por luchar contra la nada.

Nuestro amor fue como plaga, que nunca fue controlada
Como aquel que cultivó, pero nunca obtuvo nada
Mantuvimos un amor, pero siempre a media asta
Se nos fue el tiempo de amar, fue una relación frustrada.

Se nos fue el tiempo de amar, se nos fue
Se nos fue, se nos fue, de nuestras manos.

"¡Como Voy a Reír!"

Como voy a reír el día en que te vayas
Ya no seré esa tonta que lloraba y lloraba
Como voy a reír, risa de mis entrañas
Ya no seré aquella que no daba la talla.

Yo te tengo que ver con ella un día de brazo
Yo me conduelo de ella, no sabe donde ha caído
Cuando ella vea su alma, hacerse pedazos
Y se vea sufrir como yo he sufrido.

Comprenderá que está amando a un cretino
Entonces ella sabrá, porque yo me reía
Y hablaremos un día las dos en el camino
Y nos reiremos juntas, de lo que no servía.

A, a, a, a, ja, ja, ja, ja; a, a, a, a, ja, ja, ja, ja.

Qué pena a mi me da, tanto que lo quería
Yo creía que él, era todo en mi vida
Pues con sus hechos yo, perdí la fantasía
Hasta que al fin hallé, una buena salida.

Reír delante de él, y no tener más llanto
Que pueda comprender, que yo no lo adoraba
Se convirtió mi amor, todo en un desencanto
Se convirtió en rencor, tanto que yo lo amaba.

Ya no seré esa tonta, que antes le lloraba,
Hoy me voy a reír, pero a carcajadas.

A, a, a, a, ja, ja, ja, ja; a, a, a, a, ja, ja, ja, ja.

"Modesta y Aparte"

*Dicen que soy bonita, solo es un murmullo
Que cuando me enamoran, hasta impongo carácter
Soy una más del grupo, de nada tengo orgullo
No me tildo de nada, modesta y aparte.*

*Que cuando ando en las calles, no miro alrededor
Que me creo princesa con mi traje de tul
Que me creo yo misma, y que guardo mi amor
Porque estoy esperando a mi príncipe azul.*

*Yo no soy lo que dicen, pues yo soy como soy
No soy pieza valiosa de un museo de arte
Cuando llegue el momento, alguien tendrá mi amor
No me tildo de nada, modesta y aparte.*

*Dicen que soy bonita, solo es un murmullo
Soy una más del grupo, de nada tengo orgullo
Yo quiero seguir siendo, esa mujer sencilla
Aunque digan que soy la octava maravilla.*

*Yo no soy lo que dicen, pues yo soy como soy
Soy honesta y sencilla, y de noble semblante
Cuando llegue el momento, alguien tendrá mi amor
No me tildo de nada, modesta y aparte.*

¡Como el Agua de Rio!

*Como el agua del rio, así era nuestro amor
Ibamos siempre adelante, contra reto y desafío
No había quien nos detuviera, era un cauce para dos
Eramos inseparables, nos hicimos un solo rio.*

*Nacimos en los manantiales, tan claro como cristal
Muchos arroyos se unieron, alterando el caudal
Percudiendo nuestras aguas, con su lodo y su arena
Enturbecieron nuestras aguas, que después no fueron buenas.*

*Llegar al océano intacto, nuestra meta principal
Nos quitaron el orgullo, de agua clara y transparente
Vivíamos ilusionados, en llegar al ancho mar
No pensábamos que algo transformara nuestra suerte.*

*Nos tomamos de las manos e hicimos un juramento:
Estamos enamorados, hay pasión en nuestras almas
Fíjate en los remolinos, como entorpecen al viento
Cuando pase la tormenta, luego reinará la calma.*

*Lo importante de este amor, es lo puro y lo sincero
Y aunque hayamos estado al borde del precipicio
A mal tiempo buena cara, ese será nuestro reto
Lo importante es que me amas y que por ti yo me muero.*

"Se me Parte el Alma"

Se me parte el alma, al verte tan solo
Se me parte el alma, desde que te marchaste
Me han dicho que te han visto, triste y desconsolado
Aún te llevo en mi alma, y quiero recuperarte.

Tomamos cada uno, diferentes caminos
Y los dos convergieron, en un mismo destino
Ninguno de los dos, logró enamorarse
Se hicieron nuestros cuerpos, una sola carne.

Se me parte el alma, por eso te propongo
Darte si pudiera, hasta la vida mía
Si estás cansado y solo, apóyate en mi hombro
Si estás débil y triste, te doy; mi fuerza y alegría.

Desde que nos dejamos, te has convertido en otro
Te consume el orgullo, aún teniendo mi amor
Si es que no me recuerdas, y perdiste mi foto
Si quieres ver mi rostro, fíjate en una flor.

Se me parte el alma en nuestro lecho de amor
Donde tú me abrazabas, hasta llegar el día
Cuando sueño contigo, ardemos de pasión
Se funden en una tu alma y la mía.

-Se me parte el alma, sino logro tenerte
-Se me parte el alma, sino vuelvo a verte
-Se me parte el alma, de tanta pasión
-Se me parte el alma, y mi corazón.

"Felina"

Me dices que te vas, que te vas de una vez
Se que no será fácil, empezar otra vez
A tus caprichos y a tu forma, yo me acostumbré
Se que no será fácil, encontrar otra vez:

Unas manos varoniles, que me froten la espalda
Unas carisias tiernas y un beso intenso
Palabras que me cautiven, penetrantes miradas
Que me hagan el amor y quede perfecto.

Como una felina yo me sentiré
Maullaré por las noches, triste y desconsolada
De tejado en tejado, un lugar buscaré
Seré una felina manza, pero acorralada esta vez.

Como una gata en celo, en lo oscuro maullaré
Mirando hacia la luna, buscando no se que
Iré por un camino, por donde tú no estés
De que voy a olvidarte, seguro te olvidaré.

Me dices que te vas, que te vas de una vez
Ya te has ido dos veces, ya no habrá otro después
Ya perdí la paciencia, no te suplicaré
De amor nadie se muere, pronto te olvidaré.

"Ese Viejo Refrán"

Tengo un hombre que amo, y no quiero perder
Me han dicho que lo han visto, con otra mujer
Me han dicho que lo deje, que me olvide de él
Y que él no merece, que le de mi querer.

No crean que soy tonta, que estoy fuera de moda
Que soy conservadora ó algo estoy esperando
Es que yo le hago honor a ese viejo refrán
Quiero un pájaro en mano y no cien volando.

Que yo tengo una venda amarrada en mis ojos
Que estoy ciega de amor y ando despreocupada
Que tengo mis virtudes y muchos pretendientes
Pero no comprenden, que estoy enamorada.

Pues yo soy como soy, no importa el que dirán
Deja que hable la gente, que sigan murmurando
Es que yo le hago honor, a ese viejo refrán
Quiero un pájaro en mano y no cien volando.

Me han dicho que lo han visto, pero no cuando y donde
El siempre corresponde de la misma manera
Yo soy su preferida, y él es mi hombre
El me llena de amor, y yo le doy mi vida entera.

Que soy siega, que soy tonta ó algo estoy esperando
Quiero un pájaro en mano y no cien volando.

"Una Aguja en un Pajar"

Un amor de verdad no lo puedo encontrar
Y si algún día lo encuentro, hasta voy a llorar
Las estrellas del cielo, yo prefiero contar
O buscar una aguja perdida en un pajar.

Yo quiero un amor sincero, que sea puro y real
Que me tome muy en serio, diga que soy su mujer
Por dondequiera que vaya, me lleve con él.

Mi vida es un tormento, es una queja al vacio
Es navegar al contrario de las aguas del rio
Quiero encontrar un amor, que me sepa valorar
Y que conozca el sentido del verbo amar.

No estoy pidiendo la luna, tampoco pido el sol
Como el que prende una llama, en medio del mar
Pero yo soy una mina, virgen de amor
Y estoy buscando al minero, que la sepa explorar.

¡Ay! Que me muero de amor, que me muero de amor
Mi vida es un tormento, es una queja al vacio
Es navegar al contrario de las aguas del rio.

Un amor de verdad no lo puedo encontrar
Si algún día lo encuentro, hasta voy a llorar
Las estrellas del cielo, yo prefiero contar
O buscar una aguja perdida en un pajar.

"Tu Muñeca de Trapo"

No se porque te amo tanto, que hasta pierdo la razón
Me siento muy marginada, mendigando tu amor
Mi amor es tan inmenso y me pagas muy barato
Me siento como si fuera, una muñeca de trapo.

Cuando sales de la casa, no me besas como antes
Si te llamo al celular, tú me dices con enojo
Cuelga un momento mi cielo, tengo llamada importante.

Yo me siento a tu lado, como si pasara el rato
Me siento manipulada, como muñeca de trapo
Sin alma y sin corazón, y de eso estás consiente
Recuerda el viejo refrán, más adelante vive gente.

He perdido la razón, mi estima está por el suelo
Con la fuerza que yo amo, con esa misma desprecio.

Soy tu muñeca de trapo, sin alma y sin corazón
Aunque por ti yo me muero, a tu lado yo me siento
Como flor en basurero.

Recapacita mi amor, que te queda poco tiempo
Tu muñeca de trapo, pero con sentimiento
No voy a creer en llanto, ni en tu propia religión
Ya no serás el santo de mi devoción
Tu muñeca de trapo, pero con corazón.

"Poema a una Madre"

*Madre mía y de mis amores
En tu día te quiero homenajear
Tuyos son los días del mundo
Mayo te regala sus flores
Y yo te vengo a felicitar.*

*El sinsonte te canta, también el ruiseñor
En mi largo camino
Fuiste mi faro y guía
Con amor y ternura tus consejos me distes
Y me corregiste en mi rebeldía.*

*Me moldeaste a tu forma
Mi querida mamá
Fui barro y tu alfarera
Lava de tu volcán
Fui roca y tu escultora, hielo de tu glacial
Agua que brota de tu manantial.*

*Eres una reina, con trono en mi corazón
Tu gigante pequeña, cuan grande es tu amor
Un universo de flores, búcaro del espacio
Mi tierno regalo, un poema hecho canción.*

Feliz, feliz, feliz, felicidades mamá.

"Tres Delfines"

Es la historia de una madre, un niño y tres delfines
Ella luchó, salvó su hijo, su amor de madre triunfó
Una madre en su locura, pasión de una bella madre
Derramando su cariño, puso en una oscura balsa
A su adorado niño.

Muchas horas en el mar marchitaron su energía
Pero protegió a su hijo, hasta que más no podía.

Desvanecida en su cansancio, al fondo del mar se fue
Pues vinieron tres delfines para cuidar su bebé
Su madre desde lo alto daba las gracias a Dios
Por salvar a su criatura, como ella lo pidió.

Los delfines iban alegres, zigzagueando sin parar
Fieles como tres perritos, merecen un monumento
Estos guardianes del mar.

Madre fuiste muy valiente, que Dios te glorifique
Que te de la paz eterna, por la hazaña que tú hiciste.

Tu amor puro y verdadero, como este no hay dos
Aquí queda demostrado que el amor de madre,
Otra vez triunfó.

"Amor del Pasado"

*Recuerdo un amor pasado
Recuerdo que te quería
Y yo era correspondida
Fuiste mi primer amor
Yo te amaba con locura
Por eso nunca te olvido.*

*Eramos dos inocentes
Primerisos del amor
Nos dábamos dulces besos
Sentíamos vibrar el alma
Y palpitar el corazón.*

*Aunque nunca te he olvidado
Todo quedó en el tiempo
Cosas de la vida
Dijiste yo era muy joven
No sabía lo que quería
De veras que no te miento
He vivido arrepentida.*

*Yo se que ya no habrá magia
Me hizo recordar el vino
Fue un momento de nostalgia
Porque aguas pasadas
No mueven molinos.*

*Es una vieja pintura
Camino ya recorrido
Como una flecha sin arco
Escudo sin enemigo
Corazón pensando en ti
Yo me regocijo
Fuiste mi primer amor
Por eso nunca te olvido.*

"Homenaje a la Mujer"

Mujer, mujer, hoy te quiero homenajear
Y un vasto jardín de rosas yo te quiero regalar
Y un millar de mariposas, porque eres madre y esposa,
Y sigues siendo mujer.

Tú trabajas como todos y llegas a tu hogar
Mimas a tus niños, le das calor y cariño
Lo educas y llenas de gozo.

Sigues siempre tu faena, no tienes cuando acabar
Le dedicas a tu esposo tiempo y cariño
Tú naciste para amar.

Todos los días son tuyo, y lo digo con orgullo
Eres fuerte como una muralla, tu amor es tan grande
Que para él no hay talla.

Mujer, mujer, cuando escuches esta canción
Aparte de un homenaje es un reconocimiento
Por tu actitud inquebrantable.

Todas las rosas del mundo yo te quiero regalar
Y adornar cada sitio donde tú vayas a estar.

Dios tiene que concederte, en tu vida un regalo
Bendícela Dios, por los siglos de los siglos,
Por los años de los años.

"Cartas Viejas"

Hoy entre mis papeles recordaba el pasado
Abrí una carta vieja, que me hizo el día ingrato
Era de un viejo amor que ya había olvidado
Como dice el refrán, la curiosidad mató al gato.

Recuerdo que me decía, yo te amaré por siempre
Yo te quiero con el alma y prefiero morir
Que saber que algún día este amor tenga su fin.
Mejor no pensemos en eso, pues no va a suceder
Siempre tú serás mi hombre y yo seré tu mujer.

Y lloré triste y desconsolada, y hubiera preferido echarme a reír
Como vez, recordar el pasado es volver a vivir
Con el llanto en mis ojos comprendí la moraleja,
Si tú tiene cartas viejas, revísalas con cuidado
Porque su contenido te puede hacer sufrir.

Recuerda, no leas una carta vieja, sin saber que tiene escrito
Y no pases un mal rato, pues como dice el refrán,
La curiosidad mató al gato.

Y lloré triste y desconsolada, y hubiera preferido echarme a reír
Como vez, recordar el pasado es volver a vivir
Con el llanto en mis ojos, comprendí la moraleja
Si tú tienes cartas viejas, revísalas con cuidado
Porque su contenido te puede hacer sufrir.

"Vulnerable"

Que me viste lo sé, yo no he de negarlo
Hasta estuve en sus brazos, eso también lo acepto
Que me robó hasta un beso, yo no pude evitarlo
Solo fue un desliz, no se consumó el hecho.

No me estoy defendiendo, es la pura verdad
Tuve mis devaneos, pues no hay nadie perfecto
De que hice el amor, nunca fui tan allá
Entre una cosa y otra, es muy largo el trecho.

Yo soy de carne y hueso, y conozco el dolor
Puedo ser inocente ó puedo ser culpable
Hasta puedo llorar y sufrir por amor
Porque siento y padezco, porque soy vulnerable.

Quiero mires atrás, revises tu pasado
Que siempre entre nosotros, todo no fueron rosas
De cuantas veces tú, te fuiste de mi lado
Y te ibas muy feliz a romancear con otras.

Mira el llanto en mis ojos, y el latir de mi pecho
Pues tengo un corazón, no me siento culpable
Me merezco un perdón, no se consumó el hecho
Porque siento y padezco, porque soy vulnerable.

"Morenita Linda"

Morena, morenita linda
Tus labios de cera y de dulce miel
Morena, morenita linda
No importa en que playa
Se quemó tu piel.

Si es que yo te quiero
No importa que sol te doró tan bien,
Tus cabellos risos color oro
No importa cuán teñidos estén.

Tus curvas son casi perfectas
¡Oh, de cual costilla te hizo el creador!
Morena, morenita linda
Así es mi amor.

Tus ojos, pequeños luceros
Cuando parpadean llenan de ilusión,
Pestañas largas como velos
Que al cerrar sus ojos
Dan esa sensación.

Morena, morenita linda
Eres mi muñeca, eres una barbi de mi colección,
 Mira que te quiero,
Y hasta siento celos,
Dime reina mía cual sol te quemó.

Mi cielo, quiero ver tu rostro,
Y escuchar tu voz
Si agradable es verte, dulce es escucharte
Muero de pasión.

Colores, cañas de canela
Matizan y perfuman tu rostro cuando haz de pasar
Morena, morenita linda,
Eres como un sueño
Del cual no quisiera
Nunca despertar.

"Embajador del Amor"

*Las muchachas de mi barrio, dicen que soy un galán
Porque me visto a la moda, me dan fama de Don Juan.
Porque tengo mil detalles, y las trato con amor
Hasta me han cambiado el nombre, me dicen embajador.*

*Embajador, embajador, embajador del amor
Romántico y tierno, detalles del corazón
Yo tengo mis mañas para cada estación:*

*Llegó la primavera, el mes de las flores
Mariposas blancas y multicolores
Le regalo rosas al amor de mis amores.*

Embajador, embajador, romántico y tierno.

*Y llegó el verano, la llevo a la playa
Nada mi sirena, se dora mi reina
Mi cielito lindo, castillo de arena.*

Embajador, embajador, romántico y tierno.

*Y llegó el otoño, compré mi paraguas
Para cuando llueva, la cubro del agua
Ráfagas de amor en mi corazón.*

Embajador, embajador, romántico y tierno.

*Y llegó el invierno, la invito a cenar
Adorno la mesa con vinos y con velas
Enciendo la hoguera, no se vaya a enfriar
Le hecho leña al fuego, y la invito a bailar.*

*Le regalo rosas, al amor de mis amores
Mi cielito lindo, castillo de arena
Ráfagas de amor en mi corazón*

Le hecho leña al fuego, y la invito a bailar.

Embajador, embajador, embajador del amor
Romántico y tierno, detalles del corazón
Yo tengo mis mañas para cada estación

"Cien Mil ó Un Millón"

¿Dónde está mi amor?
¿Quién ha visto a ese dulce ser?, que hace un día voló,
Abeja reina, buscando su néctar desapareció
Bien le pagaré, cien mil ó un millón
A quien de detalles de mi dulce amor.

Abeja reina, tu colmenero espera por ti
Que te molestó: El humo del incienso, el néctar desabrió
O es que al lado mío, la flor se marchitó.

Recuerda que tengo el néctar perfecto en mi corazón
Un jardín de orquídeas, las flores más bellas para ti mi amor.
Quien me de detalles, bien le pagaré, cien mil ó un millón.

Hasta contraté muchos colibríes, ir de flor en flor,
Recorrer el mundo, buscando tu amor, buscando tu amor.

Abeja reina, vuelve a mi corazón
Tengo cien orquídeas, para ti mi amor,
Soy tu colmenero, tu panal perfecto,
Se brota la miel de mi corazón.

Abeja reina, oigo tu zumbido,
Tengo cien orquídeas para ti mi amor,
Tu panal perfecto, se brota la miel de mi corazón.
Quien me de detalles, bien le pagaré, cien mil ó un millón.

"Palomita Virgen"

Palomita virgen, palomita mía
Sales de tu nido como cada día
Sales a pasear y vuelves a tu casa,
Pero cae la noche, ¿Dónde habrás ido?
Señores presiento que se ha perdido.

Y ven, y ven, palomita mía
Y ven, y ven, dime donde has ido.

Pájaros que emigran, pájaros que vuelan
Por los verdes campos y su alrededor
Prométanme decirle que su fiel amante
Se está muriendo de amor.

Y ven, y ven, palomita mía
Y ven, y ven, dime donde has ido.

Muchas son las flores, cientos son las rosas
Miles de mariposas, sin fin de jazmines,
Espinos y hojas. Pero mi palomita virgen
Es una sola.

Y ven, y ven, palomita mía
Y ven, y ven, dime donde has ido.

Palomita virgen, mota de algodón
Regresa a tu nido, no tiene sentido el volar tan lejos,
Le pido al señor que me muestre el trazo de tu recorrido,
Pues mi corazón late mucho menos,
De tanto esperarte, casi ya vencido.

Y ven, y ven, palomita mía
Y ven, y ven, dime donde has ido.

Al despertar, con lágrimas en los ojos, visión empañada,
Abrí mi ventana y me sorprendí, ¿Quién es esta que se asoma,
Como el sol en la mañana, hermosa como la luna y llena de rocío?
Soy tu palomita virgen, estuve perdida,
Arrópame en tu pasión, dulce amor mío.

"Bella Julieta"

Julieta, mi siempre bella Julieta
Desde que la conocí mi alma anda suelta
Cada vez que pienso en ella pierdo la razón
Me vibra toda el alma y me duele el corazón.

Julieta, mi siempre bella Julieta
Solo pienso en ella de noche y de día
Apenas como ni duermo pensando en su amor
Mis amigas me saludan, ni cuenta me doy
Eres como una espina clavada en mi corazón.

Cuando camina yo la contemplo
Ver su silueta me eleva al universo
Camina y muévete bella Julieta,
Mi alma vaga, mi alma anda suelta.

Julieta, mi siempre bella Julieta
Desde que la conocí mi alma anda suelta
Solo si me amara mi alma retornara
Fui a ver al doctor y que me recetara.

Tengo un dolor en mi corazón
Mi alma vaga cuando la veo
He perdido el uso de la razón
Soy como un zombi sin dirección.

Julieta es su cura perfecta
Lo suyo es como una obsesión.
Julieta, Julieta, desde que te conocí
Mi alma vaga, mi alma anda suelta.

"Románticos"

*Acaríciame y dejemos ya de contar estrellas
Hagamos el amor como dos románticos,
Aprovechemos, que la noche es bella
El tiempo que se va, se va y jamás regresa.*

*Románticos, improvisamos poesías
E imploramos con las manos,
Que no se acabe el día,
Nuestra pasión, jamás termina,
Y vamos a una dimensión
Que nadie imagina.*

*Románticos, caminamos entre las flores
Y la verdad, hasta soñamos en colores,
Que sensación, cuando desojamos rosas
Pétalo a pétalo, y pedimos cualquier cosa.*

*Románticos, cantamos bajo la lluvia
Le digo soy tu amor, y ella me dice soy tuya
Mi corazón conoce sus pensamientos,
Y ella adivina cosas, que de verdad yo siento.*

*Románticos, muy temprano en nuestra cama
Se apoya en mi, y me toma por su almohada
Que cálidos, son sus besos en la mañana
Que me enloquecen, que calientan mi alma.*

*Románticos, enlazamos nuestros cuerpos
Y puedo respirar, lo dulce de su aliento,
Nuestra emoción, se convierte en pasión,
Y terminamos, haciendo el amor.*

"Navidad Perfecta"

Era una noche de invierno y navidades
Yo dormía con mi amada, tiritaba al lado mío
Yo su fiel edredón, cuando ella tenía frío.

Con voz tierna me decía, abrázame amor mío,
Dame el calor de tu cuerpo, cúbreme con tu pasión
La noche es nuestra.

A través de los cristales, que lloraban de humedad
Magia, luces de colores, campanas y flores,
Una noche para dos.

Música, campanas suenan, en el arbolito,
Dios nos regalo esta noche de frío invierno
A mí y a mí amorcito.

Abrázame corazón, es la navidad perfecta,
Dame el calor de tu cuerpo, cúbreme con tu pasión,
La noche es nuestra.

Poco a poco corazón, navidad perfecta
Poco a poco corazón, la noche es nuestra.

Y el encanto de este amor, como luz resplandeció,
Y en tan solo un instante, con magia divina
Dios lo materializó.

Navidad perfecta, para los dos
El fruto de nuestro amor, Dios nos regaló
Navidad perfecta, para los dos.

"Rayito de Sol"

*Por nuestra ventana
En cada mañana
Entra un rayito de sol,
No sé como lo hace
Es más fino que un laser
Y cae sobre mi pecho
Cada día es un hecho
Y me da su calor,
Hasta lo considero
Mi fiel despertador.*

*Pero mi dulce amada
Se pone muy celosa
Ya conoce la historia
Me dice soy tu novia
Y merezco atención.
Mírame por favor
Me dice muy airada:
Que se duerma en tu pecho
Que te de un beso tierno
Que acaricie tu pelo
Tu rayito de sol.*

*Yo le digo cariño
Quizá pueda venir
Por darme su calor
Por quitarme el sueño
O por sentir en mí pecho
Latir mi corazón.
Ven y ponle tu mano
Tibia y delicada,
Pero cuando la pone
El rayito se apaga.*

Rayito de sol, rayito de sol
Ya no quiero que vuelvas
A darme tu calor
Porque mi amada entristece
Y hiero su corazón,
Y en verdad solo quiero
El calor de su amor
El que hace latir
Fuerte mi corazón.

"Bendita Descripción"

Mujer, que bella eres
Tierna y dulce mujer
Eres hermosa, de la cabeza a los pies
Me robaste el corazón
Y con una mirada tuya
Yo me enamoré.

Me siento en el sofá
Te pusiste a mi lado
Tú te quieres dormir
Pero yo desvelado
Acaricio tu cuerpo
Con pasión y cuidado.

Toco tus labios
Suaves como gel
Rojos como escarlata
Y dulces como miel.
Tus dientes blancos
Como fina plata
Tu voz como campana
Hace mi noche grata
Tierna y dulce mujer.

Acaricio tu pelo, rojo y ondulado
Tu mirada tierna y tus ojos café
Los que me flecharon y yo me enamoré.

Qué lindo son tus pies,
Puestos en tus sandalias
Completan la magia, tierna y dulce mujer.

Mujer, que perdure este amor,
Amor de fuego ardiente, de llama divina
Ni las aguas de los ríos, ni la de los mares
Podrán extinguirla.

Mujer, mujer, yo te cuido hasta el sueño
Que nadie te despierte, cuando estás dormida.

"Si el Corazón Hablara"

Una noche recordaba en mi mente un viejo amor
Que pasaba por mi casa, quizás no era su intención
Si supiera que un espacio le guardo en mi corazón
Con nostalgia la recuerdo, por ser mi primer amor.

Y si el corazón hablara, no existiera el rencor
Estarían nuestras almas en constante comunión
Corazón con corazón, laten por una ilusión
Fuerte arritmia que rebaza el marcapaso del amor.

Hasta puede descubrirse si es cierta una seducción
Aunque venga de tu mente, la dicta tu corazón
Corazón con corazón, las riendas de nuestro amor
Y si el corazón hablara, se logra la perfección.

Corregir nuestros defectos, hacer uno de los dos
Hay palabras de los labios que mellan la ilusión
Corazón con corazón, balanza de la pasión
Conocer la intensidad, y cuán grande es nuestro amor.

Y si el corazón hablara, por amor nadie llorara
Fuera todo a la medida, dos unidos de por vida
Corazón con corazón, yo te invoco por amor
Y si el corazón hablara, se logra la perfección.

"¿Por qué Será?"

¿Por qué será, que desde que te conocí apenas duermo, pensando tanto?
Porque solo podemos vernos de vez en cuando.
¿Por qué será, que en los momentos más sublimes tú te vas, y yo pierdo el encanto?
Y hasta tu próximo regreso, me haces sentir como un pájaro preso.

¿Por qué será, que tanto te añoro yo, que pienso en ti desde el alba hasta el ocaso?
Cuando acaricias mis cabellos, quedo dormido en tu regazo.
¿Por qué será, que desde que te conocí, mi alma vibra por dentro y por fuera?
Y solo pienso en ti, porque tú eres mi quimera.

¿Por qué será, que tú me haces arder, aunque este sin leña mi hoguera?
Y cada día vivo extasiado en una eterna primavera.
¿Por qué será, que en vez de darle alivio a mi tormento mi alma vaga?
Y en vez de estar feliz, estoy sufriendo.

¿Por qué será, será que estoy enamorado, a tal extremo que puedo quedarme desquiciado?

¿Por qué será?, ¿por qué será?....

"Elisa"

Hace tiempo que sueño con ella'
Y recuerdo muy bien su sonrisa
Recuerdo trabajaba en un súper
Recuerdo se llamaba Elisa.

Elisa, Elisa, mis recuerdos son muy gratos
Tu sonrisa me resuena, al murmullo de la brisa.

Elisa, Elisa, ¿no sé cómo te perdí?
Siempre iba por tu caja, te pagaba con la visa,
Y a cambio me regalabas una pícara sonrisa.

Elisa, Elisa, no sabía que entrenabas
Y que poco duraría tu estancia en el súper.
Ahora no sé que me hago, ya jamás tendré el regalo
De tu agradable sonrisa.

Elisa, Elisa, he soñado hasta en colores
Con las notas de tu risa.
Aunque te vi pocas veces, nunca te puedo olvidar,
Ni el número te pedí, de tu propio celular.

Elisa, Elisa, pero que tonto yo fui,
Quien se lo iba a imaginar, que tú estabas entrenando,
Ni el número te pedí, de tu propio celular.

Esto fue hace mucho tiempo, pero todavía te extraño,
Reconozco que fui un tonto, un zombi y un huraño.

"Despechado"

Me arrodillé a sus pies, hasta incliné mi rostro
Le confesé mi amor, y le hablé con cariño
Me dijo olvídame, porque ya tengo otro
Tan grande fue el dolor, que lloré como un niño.

Y se quedó esta vez, mi amor hecho pedazos
La vida sin tu amor, ya no tiene sentido
Permíteme esta vez llorar entre tus brazos,
Abrígame en tu amor ó moriré de frío.

Ando como un pelele, mi vida es un calvario
Pensando siempre en ti, en que te habré fallado
Hasta oro por tu amor, y me arrodillo a diario
Que fue de nuestro amor, que fue de nuestro idilio.

Me hundo en el licor, opción de un despechado
Me miro en el espejo, lo mucho que he cambiado
Tengo fachas de loco, de loco apasionado
Ya no quiero vivir, sino estás a mi lado.

Permíteme esta vez llorar entre tus brazos
Tan grande fue el dolor, que lloré como un niño
Abrígame en tu amor ó moriré de frío.
Que fue de nuestro amor, que fue de nuestro idilio.

"Estrellita Blanca"

Estrellita blanca, tú que estás en el cielo y a mi amada vez
Dile que la amo, que sufro por ella dondequiera que esté.

Yo a ella la recuerdo con su traje blanco el día de la boda,
Cuando con ella me casé. Dile que no puedo contener mi llanto,
Que la extraño tanto, y sus tiernas caricias, nunca olvidaré.

Dile que la quiero, que estoy triste y solo desde que se fue,
Que guardo sus cosas, sus zapatos blancos, su traje de novia,
También su corsé.

Estrellita blanca, dile de mi parte que me mande un ángel,
Que de vez en cuando venga junto a mí, y no estar tan solo
Y mandarle un beso, y un abrazo tierno que la haga feliz.

Estrellita blanca, apiádate de mí, llévale el mensaje,
Mi firme promesa y que espere por mí,
Que el día que yo muera, volverme una estrella,
Irme junto a ella y hacerla feliz.

Y así cumpliremos el pacto que hicimos:
Juramos querernos frente al altar, que nada ni nadie,
Ni en buena ni en mala, que solo la muerte nos ha de separar.

Mi amor es eterno, y yo lo prometo,
Estrellita blanca, intercede por mí,
Que el día que yo muera, volverme una estrella,
Irme junto a ella y hacerla feliz.

"Se Robó mi Corazón"

Tengo una mujer bonita
Que me quiere y yo la quiero
Yo no la dejo por nada
Un encanto de mujer.

Una noche tuve un sueño
Con una chica muy bella
Que pretendía mi amor.

Al principio no quería
Entregarle yo mi vida
Y fue tanta su agonía
Cuando vine a darme cuenta
Se robó mi corazón.

Se robó mi corazón, se robó mi corazón
Quiero recuperarlo, para cuando despierte
No se entere mi mujer

Se robó mi corazón, se robó mi corazón
Yo quisiera acusarla y no sé como haré
Como en todos los sueños, no veo policías
Y tampoco veo a un juez.

Yo sé que eres bonita, no quiero apasionarme
Aunque sea solo un sueño, porque tengo mi mujer.

Se robó mi corazón, se robó mi corazón
Solo me queda mi intuición de juez
Como es un caso pasional, la sentencia dictaré:
Despertaré, despertaré, despertaré,
Despertaré, porque tengo mi mujer,
Porque tengo mi mujer.

"Lluvia, Viento y Marejada"

*Un día me compré un barco
Era un sueño que yo tenía
Pasear con mi amor
Y cumplir mi fantasía.*

*Despertaba en la mañana
Me montaba en mi carrito
Y me iba hasta el muelle
A ver si estaba mi barquito.*

*Para mí era como un juego
Niño con juguete nuevo
Salíamos mi amor y yo
Decíamos adiós al puerto
Nos internamos en el mar
Y nos cogió un mal tiempo.*

*Lluvia, viento y marejada:
Y el barco se columpiaba
Mientras yo la abrazaba:
El barco se aceleraba
Lluvia que no escampa:
Nos mojábamos los dos
Mientras el viento sopla:
Respirábamos boca a boca
Marejada alta:
Se mueve ella y me muevo yo.*

*Lluvia, viento y marejada:
Y el barco se columpiaba
Se mueve ella y me muevo yo:
Y el barco se columpiaba,
Y mi sueño se cumplió.*

"Marciano"

Dices que soy un marciano
Que un día llegué a tu vida
Pero una sola vez.

Dices que soy un marciano
Porque estuve entre tus brazos
Y que pronto me marché.

Y es verdad soy un marciano
Pero un loco apasionado
Por distante que yo esté.

Pensaré: Que eres el planeta Venus
Que te has metido en mis sueños
Ahora yo fantasearé.

Volaré: Voy por toda la galaxia,
Te busqué entre las estrellas
Pero me dijo una de ellas
Venus es una mujer.

Bésame: Despertemos de este sueño
Y juntémonos por siempre
Apretemos nuestras manos,
Soy un hombre no un marciano,
Venus es una mujer.
"Un hombre y una mujer."

"Aguas Mansas"

Yo pedía un amor sincero
Que borrara mi pasado
Hice tantas selecciones
Pero nunca he acertado.

Fueron ríos acaudalados
Que arrastraron mis ilusiones
Y estaba decepcionado
Y muy lleno rencores.

Como Paloma blanca
Un día un amor se me presentó
Me hizo una reverencia
Hasta me abrió sus alas,
Se me acercó al oído y me susurró
Quiero ser siempre tuya
Soy tierna, dulce y suave
Y casi me convenció,
Y casi me convenció.

Yo le puse mi mano
Y ella se posó,
Cuando miro sus patitas
Llevaba en un anillo
El nombre de su dueño,
El mismo que la entrenó.

¡Oh Señor, paloma mensajera:
Líbrame de las aguas mansas
Que de las bravas, me libro yo.

"Arco Iris de Amor"

Como yo te quiero mi dulce amor
Jamás nadie ha querido
Un amor que resplandece
Por sus fuertes coloridos.

Como un arco iris es nuestro amor
Después de la lluvia su imagen saldrá
Arco amarillo y blanco,
Por su pureza y amistad
Azul por ser tierno y suave
Roja pasión siempre reinará.

Que llueva, que llueva amor
Y el arco iris se mantendrá
Arco amarillo y blanco,
Por su pureza y amistad
Azul por ser tierno y suave
Roja pasión siempre reinará.

Que llueva, que llueva amor
Y el arco iris se mantendrá
Arco morado y anaranjado
Leves heridas persistirán
Verde por ser firme y fiel
Roja pasión siempre reinará.

Que llueva, que llueva amor
Y el arco iris se mantendrá,
Que llueva, que llueva amor
Y el arco iris se mantendrá.

"Nudo en la Garganta"

*Conocí una chica linda
Cuando era muy jovencito,
Un día la invité al cine
Pero yo era timidito.*

*Quise hablarle de mi amor
Ella a mí me fue muy franca:
"Este filme no me gusta"
¡Y yo! con un nudo en la garganta.*

*Le agarré sus finas manos
Frías estaban como el hielo
Quería decirle una cosa
Que por su amor yo me muero.*

*¡Y yo!, nudo en la garganta
Si ella supiera que me derrito por dentro
Nudo en la garganta
¡Hay que me ahogo, que me ahogo, que me ahogo!
Nudo en la garganta
Ojalá cuando salga me caiga un aguacero
Nudo en la garganta
Compréndeme mi amor que estoy tenso, pero quiero
Nudo en la garganta
Será cosa de plomero
Nudo en la garganta
Caballero, caballero
Nudo en la garganta.*

"Contra la Corriente"

Yo no dejo de comprender
Que tengo una bella mujer
Ella es mi alma gemela
Aunque tiene sus virtudes
Y sus defectos también.

Contra la corriente siempre quiere ir
Aunque sea perfecto, aunque sea correcto
El camino por seguir.

Si andamos en el auto, me dice, mira mi amor
Salgamos en la que viene, por aquí es mucho mejor.
Cuando estamos en el parque
Yo tomo una rosa para mi amor,
Dame una azucena, trae cosas buenas al corazón.

Contra la corriente, hasta en el amor
Dejemos tres días, hay más fantasía,
Habrá más pasión.

Contra la corriente navega el salmón
Anda río arriba, cumpliendo su ciclo
Su naturaleza y su evolución.

Aunque corre riesgos lo hace por amor
Pero tu cariño, lo haces por capricho
Eres un espíritu de contradicción.

Contra la corriente, contra la corriente
Contra la corriente, hasta en el amor.

"Carrusel"

*Yo tenía veinte años
Y quería una mujer
Tener solo cuatro hijos
Ese era mi gran placer.*

*Era triste y solitario
Pero un día desperté
Tuve yo mi primera novia
Se llamaba Maribel
"Pero era medio loca
Un desastre de mujer."*

*Carrusel, carrusel, daba vueltas el carrusel
Cuantas vueltas dio mi vida
Conocí a Rosa también
"De espinas llenó mi vida
Y ella nunca me fue fiel."*

*Carrusel, carrusel, daba vueltas el carrusel
Cuantas vueltas dio mi vida
Conocí a Virgen también
"No le hacía honor a su nombre
Tenía más milla que un tren."*

*Carrusel, carrusel, daba vueltas el carrusel
Cuando me vine a dar cuenta
Ya tenía cuarenta y tres.*

*Solo tuve yo tres hijos
Pero con cada mujer
Sigo triste y solitario
Nunca mi sueño logré
Carrusel, carrusel, dije adiós al carrusel.*

"Reflexión"

Pedacito de mi vida, pides que nos separemos
Por cosas que yo no entiendo, tengo cita en el bufete,
Y no quisiera perderte.

Que no somos como antes, se han perdido las ilusiones,
No te canto una canción, en sí, ya no hay comunicación.

Reflexión: Reflexiona corazón, yo te pido,
Tener una vida nueva, hasta te pido una tregua
Que medites vida mía.

Hablemos de cosas absurdas, cosas malas, cosas buenas,
Dejemos las rencillas, unas que otras mentirillas,
Por el bien de esta ilusión.

Reflexión: Cuando hagamos el amor, tener mucha
imaginación,
Conocer nuevos lugares, sembrar exóticas flores,
Coleccionar mariposas, desojar hasta una rosa.

Reflexión: Hoy te regalo esta canción,
Cambiemos la rutina, si me cambias por otro
Cuando el tiempo pase, será la misma cosa.

Reflexión: Te regalo esta canción.

Reflexión: Reflexiona corazón.

"Training de Amor"

*Andas diciendo por ahí, que nuestro amor ya no funciona
Que ya nos quedan pocas horas, que no dormimos juntos,
Y que está en una cuerda floja.*

*En el trapecio nos mecimos, recuerdo yo te di mis manos,
Pero caíste, no coordinamos.*

*Falta de training en el amor, falta de training en el amor,
¡Ay, ay, ay, ay, en el amor!, ¡ay, ay, ay, ay en el amor!*

*Hice acrobacia, malabares, tantas piruetas hacía yo,
Hasta pasé el aro prendido, y su llama se apagó
¡Ay, ay, ay, ay!, falta de training en el amor,
¡Ay, ay, ay, ay, en el amor!*

*En el circo de la vida, me convertí en el gran actor,
Hice hasta magia, caminé en braza prendida,
Para encender nuestra pasión,
¡Ay, ay, ay, ay!, Falta de training en el amor,
¡Ay, ay, ay, ay, en el amor!*

*Tantas artimañas hice yo, por atrapar tu corazón,
Hasta arriesgué mi vida, daba vueltas de maroma,
Y entrenaba al león.
¡Ay, ay, ay, ay!, falta de training en el amor,
¡Ay, ay, ay, ay, en el amor!*

*Pero ya estaba escrito, pero ya estaba escrito,
Que un día perdiera tu amor.*

"El Bufón Perfecto"

Me dice la gente que andas muy angustiada y que sufres por mí
Pero cuando yo estaba muy feliz a tu lado, un día te perdí
Tú te fuiste con otro, y con él de los brazos, te veías feliz.

Y yo fui tu muñeco, tu bufón, tu payaso
Que usabas en tus ratos para hacerte reír
Era yo tan ingenuo que no me daba cuenta
Con lo que yo sufría, yo te hacía feliz.

Fui tu bufón perfecto, que hacía malabares por lograr tu pasión
Y yo solo con eso, compraba mi boleto en mi viaje de amor,
Con destino al desprecio, era un viaje de ida pero sin regreso.

Llora, porque ahora estás sola y te sientes infeliz
Búscate otro payaso que te haga las maromas, que trabaje por mí
Porque yo ni de broma, ni por un solo instante quiero estar junto a ti.

Llora, pero en otros brazos, búscate otro payaso y olvídate de mí
Ya boté mi bufanda, mi traje de arabescos y también mi nariz,
Búscate otro payaso que te haga nuevos trucos, que trabaje por mí.

Llora, y que sientas lo mismo, cuando yo te perdí
Que sepas como duele, cuando amas a alguien y se ríen de ti
Yo te daba mi amor y con tu indiferencia, tú me hacías infeliz.

Llora, pero en otros brazos, búscate otro payaso que trabaje por mí.

"Por si se Puede"

El: De una mujer me enamoré
    Todo mi amor se lo entregué
    Y me pide cosas que son muy difíciles,
    Pero trataré.

Ella: Yo quiero un velero, con un timonel
    Y dar la vuelta al mundo en un dos por tres.
    Quiero una casa de estilo francés,
    Que tenga un jardín, que sea muy grande
    Y tres jardineros que lo puedan atender.

El: Es muy difícil, pero trataré.

Ella: Quiero un collar de perlas, un anillo con diamantes,
    Un chofer que sepa inglés, hasta quiero un doble tuyo,
    Para cuando tú no estés.

El: Es muy difícil, pero trataré.
    Yo no soy mago en tus sueños, ni dueño del hemisferio,
    Yo no me llamo Reymundo y tampoco soy Cornelio.
    Yo se que ella es sincera, son cosas de las mujeres,
    Y tengo que comprenderla, esto es por si se puede.

    Gracias corazón, por ser tan franca conmigo
    Gracias corazón, todo era por si se puede
    Gracias corazón, ahora sé que tú me quieres.

"Convergencia"

Como dos almas gemelas somos mi novia y yo
Nuestras vidas diferentes, una única ilusión,
Una misma sensación; llegamos a la conclusión
Que convergemos en el amor.

Es la perfección, aunque somos dos
Late un solo corazón.
Convergencia en el amor, cuando nos besamos dos
Con uno solo que respire, sobreviviremos dos
Como dos líneas que parten al mismo punto las dos.

Así convergemos, cuando nos besamos,
Cuando nos miramos y nos abrazamos tú y yo.

En las noches tan oscuras el cielo vemos a color
Los dos coincidimos que estamos mirando
La misma constelación.

Convergencia en el amor, somos almas diferentes
Late un solo corazón.
Con uno solo que respire, sobreviviremos dos.
Convergencia, convergencia, convergencia en el amor.

"Sueño del Mar"

Era una noche oscura, para dos enamorados
Sueño y fantasía, en una noche buena
Soñaba que yo era un delfín y mi amada una sirena.

Vivíamos en una concha, grande como nuestro amor
Había una suave manta, que nos cubría a los dos.

Era debajo del agua, nuestro jardín de corales
Algas de varios colores se movían sin parar
Las perlas como luceros, las estrellas y su andar
Nos parecía otro cielo, pero en el fondo del mar.

Subíamos a la superficie, a una gira por las olas
Parecíamos solfistas, moviendo nuestras colas
Eramos tú y yo dos almas gemelas
Yo era tu delfín y tú mi sirena.

"Años Mozos"

*Esta es una vieja historia
Del campo y la adolescencia
Eran nuestros años mozos
Pensábamos en el amor
Dejando atrás la inocencia.*

*Sus padres con sus prejuicios
Cuidaban viejos valores
Marcándole a sus hijas
La edad de tener amores.*

*Corríamos en el jardín
Ella me daba un beso
Yo me ponía como el perro
Cuando le tiran un hueso.*

*Comíamos con pereza
Mientras yo tocaba sus pies
Por debajo de la mesa.*

*Amor prohibido, amor diferente
Más emocionante
Que los permitidos.*

*En la cocina, yo le robaba un beso
Sin tener miedo a la vida
Tanto yo la quería, que yo la celaba
Hasta de la sombra mía.*

*Cuando yo la abrazaba
Su mirada se perdía
Y yo sentía que flotaba
Eran nuestros años mozos
Vivíamos la fantasía.*

"Náufrago"

Navegaba en un mar, un mar de sinsabores
Quemado por el sol, ardiente de pasiones
Nunca usé catalejos, para ver mi destino
Confiado en la experiencia de un viejo marino.

Allá en el horizonte, el mar se terminaba
Un mástil de ilusiones, mi bandera ondeaba
Me alertaron con bengalas, de olas de infidelidad
Cuando abrí bien mis ojos, mi barca zozobraba.

Náufrago, soy un náufrago de amor
Líbrame, te lo imploro mi señor
Líbrame de las aguas mansas
De las bravas me libro yo
Un océano de ilusiones, el mal tiempo quebranto.

Náufrago, soy un náufrago de amor
Líbrame, te lo imploro mi señor
Carta náutica tenía, mapa, brújula y timón
Me alertaron pero tarde, de olas de infidelidad.

Náufrago, soy un náufrago de amor
Líbrame, te lo imploro mi señor
Y yo me aferré a la vida, en frágil embarcación
Y comprendí que yo era; un barco a la deriva.

"Despedida de un Soldado"

El: *Mi amor te extrañé mucho hoy*
 Me das un vaso de agua
 Traigo noticias, pero sé que no te gustará.

Ella: *Uummm, dime cielo.*

El: *Corazón, la patria hoy me necesita*
 Voy a cumplir una misión,
 Tengo que ir, es importante
 Por nuestra propia protección.

Ella: *Recuerda cuando en el altar*
 Me juraste eterno amor
 No podrá el hombre separar
 Lo que ha unido Dios
 Además un hijo traigo en mi vientre
 Que es el fruto de los dos.

El: *Corazón compréndeme*
 Por este hijo de los dos
 Y la seguridad de esta nación
 Me encomiendo a Dios.

Ella: *Pues que se haga su voluntad*
 En el cielo como en la tierra
 Que tú regreses con decoros
 Aquí estaremos en tu espera.
 Que dure poco esta misión
 Nuestro hijo estará orgulloso
 Cuando regrese mi soldado
 Sano, salvo y victorioso.

 Le damos gracias a Dios y le decimos
 Amén, amén y amén.

"China Linda"

*Coincidencia de la vida, yo viajaba en un avión
Iba una chica bonita y de asiática facción
Amor a primera vista, hubo mutua atracción
Con una mirada suya, se robó mi corazón.*

*Después viajamos en el metro, que va para Nueva York
Le dije ¿cómo te llamas? y me dijo Marisol
Su madre es de la China y su padre de Japón
Y ella era una china linda, de cuerpo perfecto
Y noble corazón.*

*Sus padres van para China y con ellos Marisol
Y yo no quiero perderme ni un instante de su amor
Aunque vaya para Shangai ó vaya para Hon Kon
Yo le seguiré los pasos, se robó mi corazón.*

*Que yo me voy, que yo me voy: donde vaya Marisol
Yo no me duermo en el metro: porque pierdo la ocasión
Aunque yo hable otro dialecto: hasta China yo me voy
Marisol me dejaste, Marisol me quedé: pero yo te consigo
Donde quiera que estés.*

*Que tin, tun, tin; que tin, tun, tan: por ti yo voy hasta el fin
Aunque coma con palitos: y me vuelva un mandarín
Yo la busco por la China: y la busco por Beigin
Que tin, tun, tin; que tin, tun,tan: que mala suerte la mía
Que los padres ya se van.
China linda, china bella: eres dueña de mi amor
Me aprendo la reverencia: de la cabeza a los pies.
Que yo me voy, que yo me voy: donde vaya Marisol
¡Si yo te pierdo mi china!, se me para el corazón.*

"Amor a la Moderna"

Amor a la moderna
Amor de computación
Yo no sé si es avanzado
O es una equivocación.

Yo recibo un correo
De mi novia en Oregón,
"Nene, estoy muy atareada
Aquí está nevando mucho,
Este mes no puedo verte
Suspendieron el avión".

Después me mando una foto
Esquiando en la nevada
Y una nota que decía,
"Estaba muy aburrida
Y salimos de excursión
El que va detrás de mí
Ese es mi entrenador".

Yo me creo hasta marinero
Aunque no conozco el mar
Porque aquí en el internet
He aprendido a navegar

Navegar y navegar
Sin ninguna dirección
Como si yo fuera un gato
Siempre detrás del ratón.

Amor a la moderna
Necesito conexión
Quiero hallar las coordenadas
Para encontrar a mi amor
Su barca ha perdido el rumbo
Carta de navegación.

"Bendita Llave"

Que no te enamoras
Que no sientes ni padeces
Que estás decepcionada
Que te engañaron dos veces.

Que tienes veintiséis años
Y te sientes sin vida
Te prometo princesa
Aunque no tengo nada
Darte todo mi amor
Y sanarte tu herida.

Que te sientes frustrada
Y que estás muy aburrida
Recuerda corazón
Aquel viejo refrán
A la tercera va la vencida.

Que saliste un día
Con gran desilusión
Con tu padre a pescar
Y tiraste en altamar
La llave de tu corazón.

Pregunté a tu padre
Los puntos cardinales
Donde estuvo el navío,
Bajé al fondo del mar
Donde están los corales,
Abrí concha por concha
Y encontré la bendita llave.

Eres llena de dicha
Y yo afortunado
Le dije con amor

*Te prometo casarme
Y guardar esta llave
Dentro de mi corazón.*

"Divina Atracción"

Yo tenía un amor
Que nunca puedo olvidar
Solo puedo compararlo
Con los polos de un imán.

Positivo y negativo
Nos podíamos atraer
Yo la miraba a sus ojos
Y ella me podía entender.

Aunque estábamos distantes
Vivíamos en armonía
Nos hablábamos por momento
Teníamos telepatía.

Puño con puño
Corazón con corazón
Mente con mente
Divina atracción.

Eramos polos diferentes
Nos podíamos atraer
Yo la miraba a sus ojos
Y ella me podía entender.

Aunque estábamos distantes
Vivíamos en armonía
Nos hablábamos por momento
Teníamos telepatía.

Corazón con corazón
Divina atracción.

"Cascada Azul"

Cascada azul, azul cascada,
Era una tarde de verano
Me bañaba con mi amada
Nos tomábamos de las manos.

Como torrente caía el agua
Su espuma era como nieve,
Trinaban los sinsontes
Nos rodeaba el campo verde.

Cascada azul, azul cascada
Los animales desde el bosque
Miraban con ternura
Mientras mi esposa les cantaba.

Cascada y agua arrullaban
Blanca espuma y tibio sol
Mariposas como hadas
Volteaban nuestro alrededor.

Tendíamos el mantel
Sobre la yerba mojada
Compartíamos el pan y el amor
Con todos los animales
Porque así escrito estaba.

Nos fuimos a nuestra casa
Tomamos una frazada
Prendimos un poco de brasa
Y a mi esposa cobijaba.

El ruido de la cascada
Aun nos arrullaba
Cascada azul, azul cascada.

"Cuadro Viejo"

Vivíamos en una casa
Que está en un cuadro viejo,
Tú lucias un vestido
De esos que arrastran al suelo.

Bajabas los escalones
Con tu pamela de flores
Y yo llegaba en mi coche
Tirado por dos caballos,
Se paseaba un perro grande
Pero cabizbajo.

Recuerdo el sol rojizo
La tarde iba cayendo
Ponía uno de mis pies
En el último peldaño,
Tocaba con mi guitarra
Como el galán de esos años.

Di una serenata tierna
A mi dulce amada
Y ella se entregó en mis brazos
Me regaló su pañuelo
Con perfume de jazmín,
Le ofrecí un paseo
Y un beso apasionado
En sus labios yo le di.

Nos montamos en el coche
Arreaba los caballos
Y el camino se estrechaba
Cuando íbamos muy lejos,
Y dije con mucha nostalgia
Adiós, adiós, adiós, cuadro viejo
Aún recuerdo esta historia
Cuando huelo su pañuelo.

"Seducción"

Me enamoré de una mujer
Y ella de mí se enamoró
Resulta que ella tiene su hombre
Y yo tengo mi mujer,
Pero estamos preocupados,
¿Quién sedujo a quien?

Por sus palabras melosas
Caí en las redes de su amor
Hasta hoy le entregué todo
Fuiste la presa y yo el lobo
Pecadores del amor.

Es amor hecho del barro
Como un árbol sin fruto
Como el ave que se fue
Como el oro y el minero
Sucio por un interés.

Esta noche te propongo
Que sea la última vez
Derrochemos la pasión
Hasta el amanecer,
Vaciemos hasta el fondo
La copa del placer
Y que ya no nos preocupe
¿Quién sedujo a quien?

Adiós amor, regresemos a nuestras vidas,
Tu hombre y mi mujer.

Adiós amor.

"Mujer Virtuosa"

*No pensé que a mis años
Mi pasión aún vivía
Que una bella mujer
Conmoviera mi alma
Que ya estaba vacía.*

*Una mujer virtuosa
En sus curvas perfectas
Más bella que una rosa
Su estima sobrepasaba
A una piedra preciosa.*

*Era yo como un mar
Sin olas y sin espuma
Era un barco encallado
Y llegaste a mi vida
Como chispa de fuego
A prender un volcán
Que ya estaba apagado.*

*Le confesé mi amor
Que en silencio sufría
Aunque no tenía nada
La amaba con locura
Dijo perdóname,
Tú no eres mi tipo
Tengo en mi vida una meta
No soy de tu estatura
Esa es mi respuesta.*

*Yo aferrado a su amor
Triste y muy derrotado
Dije con ironía: y si yo fuera rico
Entonces que pasaría,
Me dijo en ese caso
Contigo me casaría.*

*Una mujer virtuosa
Pero por dentro vacía
Me dijo mi corazón
Bórrala de tu vida.*

"Me Enamoré de Nadie"

Me enamoré de nadie
Me enamoré de nada
Quise atrapar el viento
Fue mi ilusión
Llama que se apaga.

Dices que no soy tu tipo
No soy de tu medida
Que amas a otro
Que te perdone
Que estabas confundida.

Pero hoy he comprendido
Que en la viña del Señor
Existe de todo
Tú fuiste flor del lodo
Una oveja perdida.

Que tu amor no vale nada
Tú fuiste pintura
Solo en la fachada
¿Dime de qué presumes?
Mujer sin fantasía,
Eres una fuente,
Pero seca y vacía.

Sé, no fui correspondido
Pero estaba ciego,
Pero estaba ciego,
Casi sin motivo.

Me enamoré de nadie
Me enamoré de nada
Quise atrapar el viento
Fue mi ilusión,
Llama que se apaga.

"Profeta"

Jugábamos en el tiempo
Crecíamos en la infancia
Pero llegó el momento
Que hablamos de sentimiento
Creía que mis virtudes
Eran un buen argumento.

Me dijo perdóname
Yo a ti te he visto crecer
Me acostumbré a verte
Te quiero de otra manera
De verdad lo lamento.

Compréndeme, sería un error de mi parte
Darte un amor que no siento
Aunque quisiera ayudarte
Traicionaría mi sentimiento.

La perdí, hoy tengo mi alma herida
Aunque fue grande mi espera
Me iré a vivir a otra parte
Donde ya no pueda verla.

Mi ilusión, fue un castillo de arena
Fue como una hoja seca
Guardada en tu diario de amor
Aprendí, que por amor uno erra
Pues buscaré en otra parte,
Nadie es profeta en su tierra.

"Juventud, Divino Tesoro"

Parecíamos perfectos, había mutua atracción
Era el uno para el otro, así lo recuerdo yo
Yo velaba por sus ojos, divino era nuestro amor
Con uno que respirara, subsistíamos los dos.

Con el paso de los años vinieron los sinsabores
Perdimos la comprensión, nos ganó el sufrimiento
Cuando había juventud, la experiencia nos faltó
Hoy queremos ir atrás y salvar nuestro amor.

¡Ojalá! Hubiera una nave, para viajar al pasado
Y recorrer por el tiempo para ver lo que falló
Y encontrar los argumentos que no fueron de la mano
Experiencia y tolerancia, eso nos faltó a los dos.

Juventud, juventud, divino tesoro
Culpable es la inexperiencia, de que hoy estemos solos.

Recobrar nuestra ilusión, es como atrapar al viento
Pero hagamos el intento y viajemos al ayer
Vale más perder tratando, que por temor a perder
Cruzarnos de nuestros brazos, no tratar y no vencer.

Juventud, juventud, divino tesoro
Viajaremos en una nave a través de la distancia
Culpable es la inexperiencia de que hoy estemos solos
Nuestro amor se marchitó, porque no hubo tolerancia.

"Vana Ilusión"

Yo era un hombre pobre, pues nada me dio la vida
Y como decía mi abuelo, el que nace para maceta
No sale del corredor.

Conocí una mujer que tanto me atraía
Yo no pedía nada nunca, pero en mi mente estaba
Que el que persevera triunfa, y de verdad un día triunfé.

Vana ilusión, que decepción
Cuando estaba más enamorado
Ella por otro me dejó, que tenía menos que yo.

Que dolor, casi sin sanar mi herida
Trabajé y trabajé para olvidar mis penas
La suerte me acompañó y mi vida mejoró.

Un nuevo amor encontré, me entregó su corazón
Me sentía superquerido, al fin ya me casaré.
Pero vino la recepción, perdí todo lo que tenía
Y muy solo me dejó.

Vana ilusión: pudo más el interés, que el amor que me tenía
Y llegué a la conclusión, que el que nace para maceta
No sale del corredor.

Vana ilusión: buscaré sin pretensión, el amor de mis amores.

"Corazón Libre"

*Yo me hice una ilusión
En un pueblo muy lejano
Me dijiste yo te amo
Soy prisionera de tu amor.*

*Hoy te doy la libertad
Porque no quiero que sufras
Tras las rejas de mi amor
Porque yo se los rigores
Que demanda una prisión.*

*Libre está, libre está,
Libre está tu corazón
Porque yo se los rigores
Que demanda una prisión.*

*Cariñito ya no llores
Yo no quiero que tú sufras
Tras las rejas de mi amor
Porque yo se los rigores
Que demanda una prisión.*

*Libre está, libre está,
Libre está tu corazón
Porque yo se los rigores
Que demanda una prisión.*

"Nuestro Amor"

Más que el mar, más que el sol
Más que el universo, es tan grande nuestro amor
Calma tus ansias conmigo
Yo soy un bohemio de pasión.

Amanecer a tu lado, atrapado tras las rejas de tu corazón
Corazón perfumado con aroma de nuestra ilusión
Jasmín y rosas, pétalos de una flor.

Si perdemos el equilibrio en la relación
Pronto viene el momento de la reflexión
Desagravio sin ofensas, es igual a reconciliación.

Calma tus ansias conmigo
Yo soy un bohemio de pasión
Jasmín y rosas, pétalos de una flor.

Más que el mar, más que el sol
Más que el universo, es tan grande nuestro amor.

"Mi Ultimo Tren"

En un viaje por la vida
Una mujer bella conocí
Dieciséis años pasaron
Solo ese tiempo fui feliz.

Mi amada se me enfermó
Pero antes de ir al cielo
A su enfermera recomendó:
Quiere mucho a este hombre
Como lo quise yo.

Tómense de las manos
Y por siempre sean dos
Bárbara y tú sean felices
Y que los bendiga Dios.

A Bárbara quise mucho
Pero no me fue muy bien
Pensé para mis adentros
Si este era mi último tren.

Y después de cuatro años
Me vi solo en el andén
Pensé para mis adentros
Si este era mi último tren.

"Confesión y Perdón"

*Siempre yo viví confiado, por el tiempo que ha pasado
Entre mi mujer y yo, dos almas que en el pasado
Había unido Dios.*

*Eramos uno para el otro, ya pasaron veinte años
Ya teníamos dos hijos, eran fuertes las raíces
Eramos almas felices, era el fruto de los dos.*

*Un día tuve que partir, lo exigía mi trabajo
Pasaron dos largos meses y yo mucho la extrañé
Pero cuando regresé, su indiferencia noté.*

*Cuando la noche llegó, a mi lado se acostó
Cuando quise acariciarla, mis manos las apartó.
Dijo, algo quiero confesarte, no merezco tus caricias
Me entregué a otro amor, se que cometí un error.*

*Perdóname, fue un desliz, no fue pasión
Por nuestros hijos corazón, fruto de nuestro amor
Medita y piénsalo, después respóndeme.*

*Yo le dije, estoy muy tenso, fuiste sincera lo se
Hoy me consume el dolor, te juro lo pensaré.*

*Al final la perdoné y dije a mi corazón,
Siempre esta espina llevaré.*

"Triste y Abandonado"

Buscando voy por la vida sin destino
Muy solo y decepcionado
He caminado por senderos
Donde nunca antes había estado
Porque he perdido a un amor
Estoy triste y abandonado.

He navegado por los mares
Por diferentes latitudes
Usando la brújula del sentimiento
Casi no tengo argumentos
Para encontrar mi ser amado.

Anduve por todos los continentes
Como un ave desconcertada
Sin dar alivio a mi dolor
Estaba en un limbo de incertidumbre
De coordenada en coordenada
Y una razón yo nunca tuve.

Buscando en el mapa del sentimiento
Nunca encontré la dirección
De mí adorado tormento
Quizás se haya ido a otra galaxia
Para no verme nunca más
No calmaré mi sufrimiento.

No sé porque tuve que conocerla
Habiendo tantas como ella
Pienso fue una mala elección,
Y hoy solamente quiero a una
La que destrozó mi corazón.

"Hoy Quiero Confesarte"

Hoy quiero confesarte que mi amor es sincero
Que te amo con la vida y siempre te querré
Somos uno para el otro, el tiempo ha sido testigo
Que los dos nos queremos y de este amor estamos confiados
¿Por qué es necesario que estemos casados?

Entre nosotros dos existe armonía y nunca hubo rencilla
Que puede garantizar un papel firmado
Que puede ser quemado ó comido por polillas.

Yo te digo mi amor, que entre tú y yo hay un contrato
Firmaron nuestros corazones con tinta de ilusión
Y el cuño que usamos nuestra ardiente pasión.

Porque un documento mantendrá nuestro amor
Si eso está en nuestras mentes, pues ya llevamos veinte
¿Quién destruye este amor?, si sobre todas las cosas
Tú te entregas toda y yo te doy mi corazón.

¡Ay amor!, si quieres nos casamos, es bonito y formal
Pero tenlo presente, que el tiempo que hemos durado
Eso está en nuestras mentes.

"No te Apures mi Compay"

El otro día en mi casa me miraba en el espejo
Cuán grande fue mi sorpresa, mi pelo estaba muy blanco
Las arrugas en mi cuello, y supe en ese momento que yo,
Me estoy poniendo viejo.

Y lo digo con orgullo, ya pasé de los cincuenta
Y le agradezco a mi Dios, que me haya tenido en cuenta
Aunque muchos por ahí, ya sentados en el anden
Cuando a mí me ven pasar, dicen: Tiene más milla que un tren.

No te apures mi compay, que el que anda llega
Yo tenía mucho pelo y ahora estoy calvito
Mi cotorra y mi perro, ya murieron, pobrecitos
El que anda llega, aunque vaya despacito
Agradécele a tu Dios, que tú llegas a viejito.

Ya yo estuve en el andén esperando mi trencito
Todo pasó como un soplo, me parece que fue ahorita
Disfruta día por día siempre por el buen camino
Y verás que lo bailado a ti nadie te lo quita.

No te apures mi compay, que el que anda llega
Yo me tiraba hasta el suelo, yo bailaba como un trompo
Yo empezaba por la noche hasta por la mañanita
Baila y disfruta la vida me decía mi abuelita.

Cuando miro hacia atrás, no hacen falta catalejos,
Me doy cuenta que el final está más cerca que lejos.

"Rencor"

Yo la quería con locura
Ya era parte de mi vida
Con uno que respirara
Subsistíamos los dos.
En sus noches de frialdad
Yo siempre fui su abrigo
Pero un día me traicionó
Con mi mejor amigo.

Con mi corazón herido
Me pregunto ¿qué pasó?
¿Qué fue lo que no funcionó?
La mimaba todo el día
Su entrega era perfecta
Yo cumplía su fantasía.

Ella tenía una amiga
Por sus cálidas miradas
Sé que yo a ella le gustaba
Pero siempre le guardé respeto
Y como dice el refrán
A rey muerto, rey puesto.

A la mujer que yo amaba
Nunca quise hacerle daño
Si quise darle una taza
Pero de su propio caldo.

El rencor no me dejaba
No me contuve en la espera
Para aliviar mi dolor
Le pagué con su moneda.

*Puse una cura en mi yaga
Para ver sanar mi herida
Me casé con su amiga
Y el remedio funcionó.*

"Promesa"

Cuando salí de mi tierra
Preparé bien mi partida
Pues trabajé muchos años
Sin un sentido en mi vida
Recuerdo a mi amada bonita
Con lágrimas en los ojos
Puso una estampa en mi cuello
Protégelo virgencita
Y no me lo dejes solo.

Yo en mi emoción le pedía,
Cuídame en el ancho mar
Pongo mi suerte en tus manos
Adorada madre mía.
Prometo que al regresar
Te pondré un ramo de rosas
En tu bendecido altar.

La promesa se cumplió
Y después de varios años
La mencionada llegó
Para hacer triste mi vida
Le di alojo en mi hogar
Pero solo como amiga
Y me puso tras las rejas,
Aprendí la moraleja:
Agua que no has de beber,
Déjala correr.

Madre, hoy te invoco y te pido
Por amor de los amores
Sácame de la prisión
Y te prometo otras flores

"Preso Triste y Solitario"

Preso triste y solitario hoy pensaba en el ayer
Cuando andaba por mis calles sin rumbo ni itinerario,
Yo me podía mover. Sé que el mundo no es perfecto,
Tuve enfermo y estresado, recuerdo a mi viejita
Que por mi se preocupaba, por muy lejos que haya estado.

Hoy mi mundo ha cambiado, por mí nadie se preocupa
Si dormí o descansé, llevo una vida sin vida
Hoy no tengo a mi viejita para que me haga un té

Preso triste y solitario, hoy yo vivo en el presente
Perdido hasta en el horario, hoy mi mundo es pequeño
Me siento abandonado, aunque vea mucha gente.

Si lloro nadie me ve, y si sufro a quien le importa
Solo tengo a mi Dios, que me ama y me conforta
Aunque largos sean mis días y mis noches tan cortas.

Señor tómame en tus brazos, sálvame de esta condena
Libra a este hijo tuyo, de esta terrible pena.
Tú, mi Dios extraordinario, líbrame, porque no quiero
Estar más, preso, triste y solitario.

"Cárcel del Amor"

En la cárcel del amor, estamos presos los dos
No queremos custodia, si estamos de acuerdo los dos
¿Quién nos condenó?, si es que somos dos
Juez el corazón, fiscal nuestra pasión
Una vida pido yo, condenado en la prisión.

En la cárcel del amor, quien nos puede custodiar
Si así pedimos estar, para que hemos de apelar
Que reduzcan la sanción, si la pena que nos dan
Es lo justo para dos.

Pero quien le hizo a quien, testigo es la habitación
Nuestro cargo es el amor, sin víctima ni victimario
Una vida para dos, sin hora ni calendario.

En la cárcel del amor, estamos presos los dos
Convictos de la ilusión, quien nos puede custodiar
Si estamos de acuerdo los dos.

Una vida para dos, es muy justa la sanción
Cumpliremos esta pena, hasta que lo quiera Dios.

"Ladrón de Amor"

Siempre fui un soñador
Y no aplacaba mis penas
Deambulaba por la vida
Buscando una mujer buena.

Un buen día yo encontré
A la mujer de mis sueños
Al principio fue muy frio
Como un témpano de hielo.

Pero un día celebramos
Tres años de dulce amor
Y entre copas conversamos
Cada uno su versión.

Ella dijo que al comienzo
Casi desprecia mi amor
Pero si hoy te vas me muero
Me robaste el corazón.

Yo le dije cariñito
Te robé el corazón
Ladrón que roba a otro ladrón
Tiene cien años de perdón.

Con pocas palabras basta
Para el buen entendedor
Ladrón que roba a otro ladrón
Tiene cien años de perdón.

"Príncipe ó Mendigo"

En un sueño que yo tuve, había un rey y un castillo
Había un príncipe también , y yo era el mendigo.
Pero había una princesa, que era hija de otro rey
Eramos dos para una, un desafío de uno a cien.

Un día la rescaté, pedía ayuda en un rio
Fui el ángel de su suerte, rescaté a mi adorada
Y el príncipe quedó inerte.

Llegó el día de la boda, yo lloré y ella lloraba
Pero se acercó a mí un hada y me tocó con su estrella
Y me vi delante de ella, un verdadero galán.
Padre, este es mi salvador, a él le debo mi vida.

El príncipe y el mendigo hicieron grandes promesas
Y gala de sus virtudes a la anhelada princesa.

El príncipe anonadado dijo: Este hombre no tiene nada
Yo te ofrezco hasta mi reino y también un mar de alhajas.

Pobre soy, dijo el mendigo, mi gran fortuna brindaré
Rebosar de amor su copa y mi corazón le entregaré.

"Preso en el Tiempo"

Preso estoy en el tiempo, y el reloj de mi vida se detuvo en la espera
Mi reja es la distancia, el viento mi centinela
Y el mar es la frontera que nos separa a los dos.

Apelé a la esperanza, que me quite esta condena
Aunque el destino se ensaña, tengo mi abogada, mente positiva
La fe mueve montañas.

Preso estoy en el tiempo, y aun tu barca en mi puerto
No pagues más estadía, pues tu barca está vacía
Levanta tu cadena, sube al tope tu ancla
Y navega en otros mares.

Corazón, ya no sufras corazón, te agradezco tu espera
Aun tú eres muy joven, tienes tu propia vida
Tu virtud es ser muy buena, búscate otro amor
Para aliviar tu pena.

Preso estoy en el tiempo, serás siempre mi amiga
Te deseo lo mejor, que te halles quien te quiera
Y que Dios te bendiga.

"Alameda"

*Sentados en la Alameda, parque viejo de Santiago
Muy pegado a la bahía, recordaba mi pasado
En un banco y a la orilla, se forjaba nuestro amor
Mirábamos hacia el cielo, pidiendo una bendición.*

*Mientras yo la acariciaba, del cielo cayó una estrella
Sería mi noche de suerte, concédenos Dios
Que seamos muy felices, hasta el día de la muerte.*

*Un ángel bajó del cielo, yo los vengo a casar
Ustedes son bendecidos por el cielo y por el mar
Solo quiero escuchar la opinión que tiene ella:*

*Yo soy fría como el hielo y firme como la tierra
Como no cayó mi estrella prefiero no estar casada.*

*Yo muy triste y derrotado, me quedé hasta sin aliento
Un amor que no ha empezado, comenzó con sufrimiento.*

*Hoy quisiera recordarte mi bella y grande Alameda
Por tus flores y tu parque, pero a la otra parte,
Como una triste novela.*

"Miami"

Miami, capital del sol, eres bella y atractiva
Por tu linda arquitectura, eres lujosa y altiva
De América la primera, eres toda una diva.

Cuando viajo desde arriba, tus calles y avenidas
Son un verdadero drama, solo puedo compararlas
Con ejes de coordenadas, un crucigrama.

Cuando miro el expressway, como cintas que se cruzan
Se ven largas y flacas, y son tan perfectas
Como las líneas de Nazca.

Miami, ciudad que tiene su historia
Lo digo para memoria de lo que escuchan mi canto
Te amo tanto, por tus lindas playas y lujosos hoteles.

Aquí todo el que viene, de ti se enamora
Y el que vuelve es porque te adora.

Miami, Miami, eres una quimera: La piel se me quema
Por dentro y por fuera.
Que llueva, que llueva: Miami te espera
Tus tibias playas: Más quien te compara
Tus noches de estrellas: Pin, pon, bota y fuera
Tu rico calor: Pin, pin, pin, pon.

Miami, Miami: Que gran sensación
Miami, Miami: Ciudad del sol.

"Nostalgia de mi Vieja Casa"

Hoy me remontaba yo, hace mucho tiempo atrás
La casa donde vivía de aquella vieja ciudad
Nostalgia de mi vieja casa, la que nunca olvidaré.

Pasé los primeros años, pasé de los veintitrés
Recuerdo cuando jugaba con los amigos del barrio
En la calle de mi cuadra, donde mucho disfruté.

Vieja casa, casa vieja, nostalgia de mi viejo hogar
Donde yo pasé mi infancia, donde solía jugar.

Recuerdo a mi tierna madre, nos llamaba a cenar
Eramos cuatro hermanos y la mesa servida
Mis padres y mi abuelo, éramos una familia.

Vieja casa, casa vieja, nostalgia de mi viejo hogar
Donde yo pasé mi infancia, donde solía jugar.

Yo no me quería morir sin hacer esta canción
Que quede en un pedestal, esto que voy a decir:
"Recordar es volver a vivir".

Aunque no tenía nada, creí que tenía todo
Era la edad de oro, pero me decía mi abuela:
Juega a la rueda, rueda, *"Lo que no se ve, no se anhela".*

"Potra Mansa y Alazana"

Erase una potra mansa, que corría sin control
Hija de yegua cerrera y caballo corredor
Cabalgaba todo el día, le gustaba el desafío
Esperando que llegara, un potro de mucho brío.

Ella vivía en la pradera, pero cerca de la loma
Quería volar tan alto, al nivel de la paloma
Le dieron a escoger, entre el valle y la sabana
Pero se quedo en la loma, le gustaba el sube y baja.

Potra mansa y alazana, de crin y cola dorada
Cuando le sueltan la rienda, ella corre más de prisa
Potra mansa y alazana, la quieren para topada
Su melena se alborota, al contagio de la brisa.

Potra mansa y alazana, que corre por la pradera
Pues le gusta lo salvaje, así vive a su manera
Ella no cambia la loma, por el mejor pastizal
Aunque sea de paso fino, también le gusta trotar.

No la saquen de la loma, no quiere saber de dueño
Aquí corre con su potro, ese es su mayor sueno
Potranca de la pradera, su potro de mucho brío
Cabalga de loma en loma, le gusta el desafío.

Potra, potra, potra alazana, pues le gusta el desafío
Y quiere correr en la loma, junto a su potro de brío.

Tiqui, tiqui, tiqui, quitiqui, tiqui, tiqui, tiqui ta.
Tiqui, tiqui, tiqui, quitiqui, tiqui, tiqui, tiqui ta

"Peluche"

Cuando yo tenía diez años, fuerte era mi pasión
De montarme en un caballo y correr sin dirección
Correr por los campos verdes, predilecta diversión.

Tío Pipe me decía: Ve y búscate a Peluche,
El caballo de más brío, el que tiene el pelo rizo,
Como los carneros míos, encierra a los terneros
Y lleva el ganado al río.

Corría por los pastizales para amarrar a Peluche
Cuando ya lo agarré, acariciaba su cara,
Por ganar su simpatía, yo le dije Fidelito,
Y me pegó una mordida.

Le pegué una bofetada, tras de mí corrió el ingrato
Llegué a casa de mi tío, solo señalé mi hombro,
Mudo estuve por un rato.

Yo le conté lo del potro, que le dije Fidelito
Y se puso muy airado. Sonriente dijo mi tío:
Le bajaste el autoestima y el te quitó los grados,
Conozco bien a Peluche, se puso mal humorado.

"La Protesta del Burro"

Esta es la historia de un burro, la cual voy a interpretar.
Cansado de trabajar, siempre de abajo para arriba,
Mientras yo sudaba el lomo, otro se daba buena vida.

Yo me acabo de enterar, aunque a mí no me interesa
Que en la zona de Mayabe, un burro toma cerveza

¿Por qué no usan un tractor?, pues ya cambiaron los tiempos
Aunque soy un animal, también tengo sentimientos.

Me siento muy marginado, no soy muy inteligente,
Porque han de usar mi nombre, para ofender a la gente.

Si no sabes, que burro eres, pareces un burro con corbata,
Le doy la patá a la lata, también me tratan de tú
Cuando riman las vocales.

-A, e, i, o, u, el burro sabe más que tú
-Caballero yo solo quiero mejorar mis condiciones,
 Trabajar solo medio tiempo y derecho a vacaciones.
-Caballero estoy muy viejo, he perdido fortaleza
 Cada vez que yo protesto, me duele hasta la cabeza.
-Burro paquí, burro payá, yo no pido una fortuna,
 A donde iba Genaro, cuando lo tumbo la mula.
-Burro paquí, burro payá, anoche un sueño tuve,
 Cuando el burro dice no, ni a palo sube.
-Burro paquí, burro payá, ya no quiero trabajar,
 Señores son otros tiempos, ahora quiero conquistar
 A una linda burrita y ponerme a guarachar.
-A, e, i, o, u, yo sé más que tú.

"El Camello"

Caballeros hace tiempo, tres amigos y yo
Fuimos a una gira, había que pasar el desierto
Pues rentamos un camello, llevaba tanto peso
Que tropezó y cayó.

¿Caballeros qué pasó?, que el camello se cayó
Sonó un ruido po, po, po: Y ahí mismo se quedó
¿Será que el agua se acabó?, revísale el rayador
¿Tendrá problema en un casco?, levántalo con el gato
¿Tendrá problema en el frente?, revísale los dientes
Revísale el tubo de escape a ver si hace po, po, po.

¿Caballeros qué pasó?
-Que lo revise Rogelio: Yo padezco de los nervios
-Que lo revise Mariano: A mí me duelen las manos
-Que lo revise Vicente: Yo no traje los lentes
Caballeros trataré: Con el martillo le golpeé la bolsa de aire
Y se le activó el circuito, el camello pegó un grito
Y un polvero nos dejó.
-Caballeros ¿quién va a alcanzar el camello?
-Yo le activo el circuito, ¿a ver, quien levanta la mano?
-Dicen todos: No, no, gracias, seguiremos a pié.
-El camello se nos fue: Que goce mi gente
-A, ya, ya, yai: Que grito pegó
-Elige tú que canto yo: Que polvero nos dejó
-Por aquí corrió: Po, po, po, po, po,po
-Tin marín de dos pingüe: Agárralo que se fue

¿A quién le activo el circuito?: No, no, no caballeros, eso sí que no,
Desmaya la talla, eso no, como duele, seguimos a pié.

"Un Llamado"

Por medio de esta canción, hago un llamado a mi pueblo,
A esta gran generación que habita en el mundo entero,
El mundo que hizo Dios.

El arquitecto perfecto hizo cielo, tierra y mar
Y puso cada cosa en su lugar: La tierra sobre la nada,
Las nubes hizo flotar, con toneladas de agua
Y con sus soplidos las hace mover
Cuando él quiere las empuña
Y como lluvia las hace caer.

¡Oh, mi Dios!, tú eres maravilloso, tú me amas y me proteges
Me das vida y me das gozo.

¡Entrega tu corazón!, el altísimo te espera
El trazó en medio del mar el horizonte como barrera
Y así pudo separar la luz de las tinieblas,
Y a las olas ordenó, hasta aquí van a llegar.

Un ángel que del cielo bajó, él dictaba en mis oídos
Y yo escribía esta canción.

¡Alabemos todos!, santo eres mi señor,
Eres rey de las alturas, te entrego mi corazón
En ti yo me gozo y te canto esta canción.

Cristo viene, Cristo viene, porque ya vino una vez
El pagó por tus pecados y murió en la cruz después
Vengan ovejas perdidas, yo quiero ser su pastor
Aleluya, Aleluya, santo eres mi Dios, amén y amén.

"Uno mi Mulo"

Cuando yo era muy chiquito, no tenía computadora
Ni habían esos jueguitos que tienen los niños ahora
Se encierran en su cuartico y allí se le van las horas.

Sin embargo en mis tiempos, jugábamos a las bolas
Tirábamos uno a uno, hasta el centro de la olla
Las que quedaban regadas, sopladas por carambola.

Teníamos un jueguito, tirábamos la peseta
Unos les iban a la cara y otros decían escudo
El que perdía la partida, le tocaba hacer de mulo
Se ponía en cuatro patas, ponías las manos en su espalda
Saltando de uno en uno.

Y decía así: Uno mi mulo, dos mi reloj, tres mi café, cuatro mi gato
Respirábamos aire puro y pasábamos un buen rato.
Y decía así: Cinco te hinco, seis pan de rey, siete machete, ocho te pongo el mocho
Y entre un juego y otro nos comíamos un bizcocho.
Y decía así: Nueve te quito el mocho, diez mi bistec, once campana de bronce
Doce una vieja cose. Hacíamos ejercicios, había tremendo goce.
Y decía así: Trece un enano crece, catorce un viejo tose, quince te coge el lince,
Dieciséis, corre, corre que te coge el buey.

-Huye que te agarran y te dan pirei, corre, corre que te coge el buey.
-Jugábamos todo el día, reinaba la fantasía.
-Recuerdo a Juan y a Tobías, quemábamos calorías.
-También recuerdo a panchito, era el más chaparrito.
-Recuerdo a María rolitos, jugaba con los varones, nadie se metía con ella,

También tenía pantalones.
-Si nos llamaba mamá, bajábamos la cabeza, nadie tenía maldad,
Todos teníamos nobleza.
-Yo no quiero pan de rey, corre, corre, que te coge el buey.

"Los Borrachos"

Un día paseaba yo por el parque en bicicleta
Aunque hacía mucho frio, dormía un borracho en el jardín
Pero yo por buena gente, quise prestarle el abrigo mío.
Estaba de buenos humores y me dijo sin armar lío:

-Que los borrachos no sienten frio, amigo mío sentimos amores
 Que yo lo mismo duermo en un banco que en un jardín dentro de las flores.

-Echen para acá amigos míos, echen para acá mis compañeros
 Que aquí les tengo un traguito, que ese si sabe a Pedro primero.

-Que los borrachos no somos uno, los borrachos son más de cien.

¿Qué quieren los borrachos?: Un trago de matusalén
Se formó tremendo lío: Tápenlo que tiene frío
Si la cosa no sale bien: Yo quiero chispa de tren
Larará, lara, lara: Que canten los borrachos
Así como tú nos ves: Tenemos un sindicato

Que los borrachos no sienten frio: Amigo mío sentimos amores
Larará, lara, lara: Dame una cerveza, aunque sea por debajo de la mesa
Aunque no me vean sereno: Yo quiero ron del bueno
Bailaremos hasta amanecer: Porque somos más de cien
Larará, lara, lara: Que cante mi gente
Y mi gente está caliente: Que tome aguardiente.

"Tres Carabelas"

En los años mil cuatrocientos, navegaron tres carabelas
Muchos días y muchas noches entre el cielo y el mar.
Hicieron grande la espera y larga la travesía
De: La Niña, La Pinta y La Santa María.

Los hermanos Pinzones eran unos marineros que vinieron con Colón,
Que era un viejo bucanero: Descubrir un mundo nuevo,
Esa era su intención.

Los hermanos Pinzones eran unos marineros que vinieron con Colón,
Que era un viejo bucanero: Y La Reina de Castilla le gustaba mucho el oro
Sin mojarse las rodillas. Las indias del Caribe se bañaban en el rio
Y cazaban manjuaríes con destreza y desafió.

Al pisar suelo firme, pensó en La Reina Isabel: Es la tierra más hermosa
Que ojos humanos han de ver.

Con un cocuyo en la mano y un gran tabaco en la boca
Un indio desde una roca, miraba el cielo cubano
Cazaban y hacían su pan, bailaban el areito, los españoles tras el oro,
Convirtieron en tragedia lo que pudo ser un mito.

"Típica Guajira"

*Soy la típica guajira, que se amaña en el monte
Que se levanta temprano para ordeñar la vaca
Oír cantar a la paloma y el trinar de los sinsontes
Me conozco cada trillo y el fruto de cada mata.*

*En el patio tengo un ganso y un perro de pura raza
Cuando me voy hacia el campo no me he de preocupar
Pues son como dos guardianes, que me cuidan bien la casa
El ganso con sus picadas y el perro con su ladrar.*

*Soy, soy, soy, soy la típica guajira
Soy, soy, soy, que se amaña en el monte.*

*Tengo una gallina risa, luce como despeinada
Tengo un gallo que me canta y me alegra en la mañana
Tengo un pavo que se engrifa, para doblar su tamaño
Y emite fuertes chillidos, para opacar al gallo.*

*Soy, soy, soy, soy la típica guajira
Soy, soy, soy, que se amaña en el monte.*

*Yo tengo una yegua blanca, que yo le llamo paloma
Con ella atravieso el monte, que rodea mi bohío
Y paso por el arroyo, que está cerca de la loma
Para llegar a la casa, donde vive el novio mío.*

*Soy, soy, soy, soy la típica guajira
Soy, soy, soy, que se amaña en el monte.*

www.ingramcontent.com/pod-product-compliance
Lightning Source LLC
La Vergne TN
LVHW051656080426
835511LV00017B/2604